¿Dónde viven las plantas?

por Caroline Hutchinson

Tú puedes ver muchos tipos de plantas. Algunas plantas viven en la tierra. Otras viven en el agua.

Vamos a ver algunas plantas.
¿Qué ves?

Este bambú es un tipo de planta.
Este bambú vive en la tierra.

¿De qué color es este bambú?

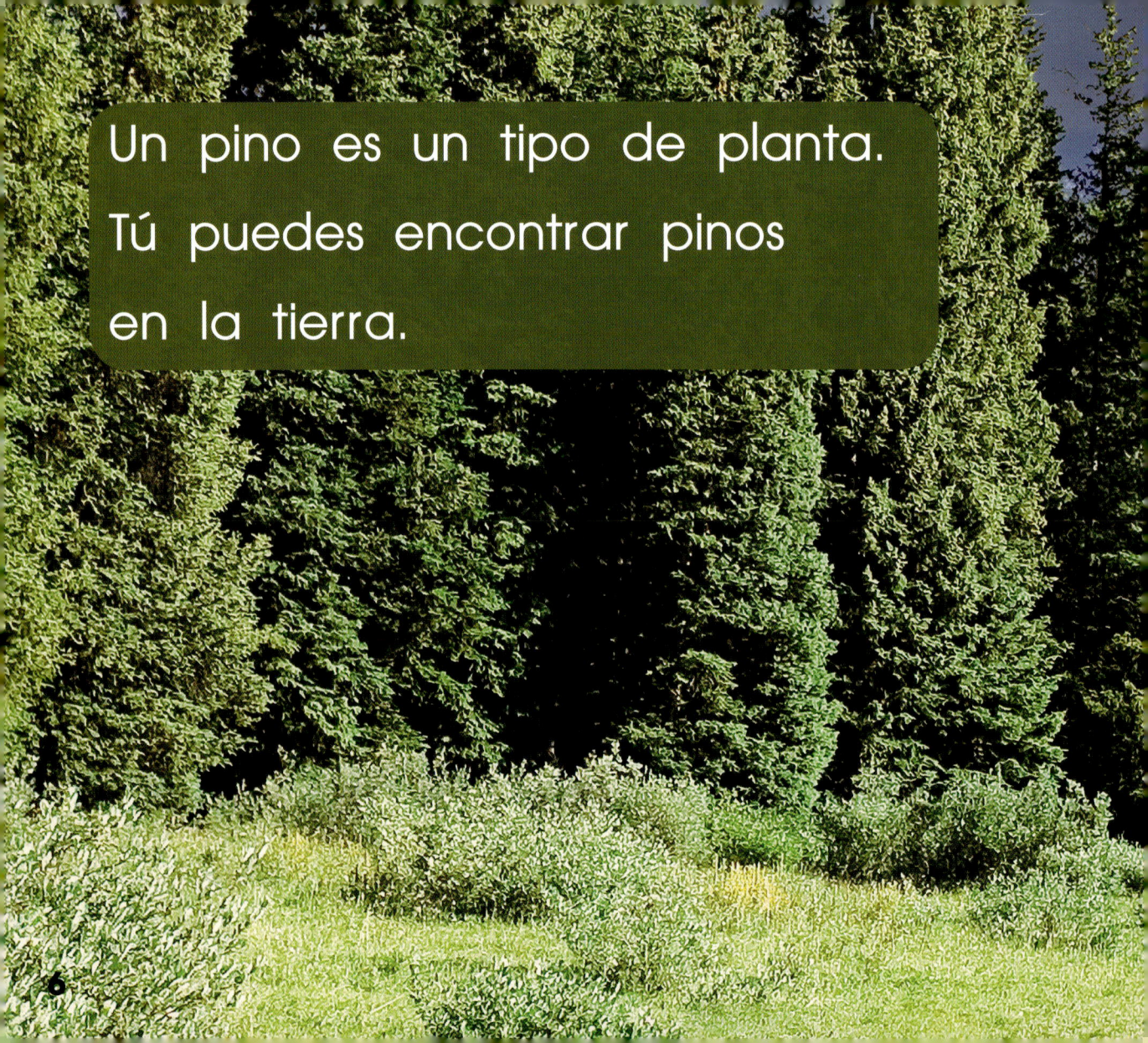

Un pino es un tipo de planta.
Tú puedes encontrar pinos en la tierra.

¿De qué color es este pino?

Este manzano es un tipo de planta.
Este manzano vive en la tierra.

¿De qué color es la fruta?

Este loto es un tipo de planta.
Este loto vive en el agua.

Esta planta tiene una flor.

Esta alga marina es un tipo de planta. Tú puedes encontrar algas marinas en el agua.

¿De qué color es esta alga marina?

Estas hierbas marinas son un tipo de planta. Estas hierbas marinas viven en el agua.

¿De qué color son las hierbas marinas?

Tú puedes encontrar plantas en la tierra. Tú puedes encontrar plantas en el agua. Muchas plantas son verdes.